AF456691

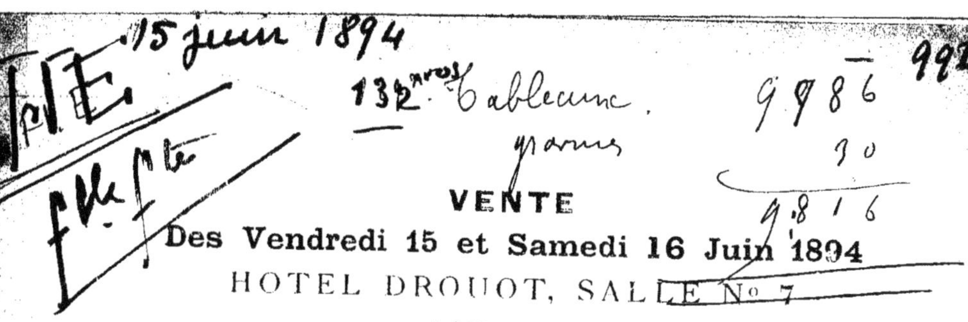

VENTE

Des Vendredi 15 et Samedi 16 Juin 1894

HOTEL DROUOT, SALLE N° 7

A DEUX HEURES

Collection d'un Amateur

TABLEAUX

MODERNES

DESSINS — GOUACHES — AQUARELLES — PASTELS

Œuvres

DE

G. Ben, Boggs, F. Bonheur, G. Caïn, Calderon
Édouard Detaille, Deuilly, Druet, Gervex, Girardet
M'Alpines, Munkacsy, Pavy, E. Petit,
Pascal, Washington, etc.

GRAVURES ANCIENNES

MARBRES, BRONZES, TERRES CUITES

Beau Cabinet ancien en laque

Étoffes, Dentelles

M F. ALBINET	**M. A. BLOCHE**
Commissaire-priseur	Expert
51, Rue de Maubeuge	25, Rue de Châteaudun

EXPOSITION PUBLIQUE : Le Jeudi 14 Juin 1894, de 2 à 6 heures

IMPRIMERIE ARTISTIQUE

E. MÉNARD & Cie

Bureaux et Ateliers : PARIS — 8, RUE MILTON

VENTE

Des Vendredi 15 et Samedi 16 Juin 1894

HOTEL DROUOT, SALLE N° 7

A DEUX HEURES

Collection d'un Amateur (en partie)

Madame Jane Harding

TABLEAUX

MODERNES

DESSINS — GOUACHES — AQUARELLES — PASTELS

Œuvres

DE

G. Ben, Boggs, F. Bonheur, G. Caïn, Calderon Édouard Detaille, Deuilly, Druet, Gervex, Girardet M'Alpines, Munkaczy, Pavy, E. Petit, Pascal, Washington, etc.

GRAVURES ANCIENNES

MARBRES, BRONZES, TERRES CUITES

Beau Cabinet ancien en laque

Étoffes, Dentelles

M F. ALBINET
Commissaire-priseur
51, Rue de Maubeuge

M. A. BLOCHE
Expert
25, Rue de Châteaudun

EXPOSITION PUBLIQUE : Le Jeudi 14 Juin 1894, de 2 à 6 heures

CONDITIONS DE LA VENTE

La vente sera faite *expressément* au comptant.

Les acquéreurs payeront en sus des adjudications *cinq pour cent.*

L'exposition mettant le public à même de se rendre compte de l'état des objets, il ne sera admis aucune réclamation une fois l'adjudication prononcée.

Paris. — Imp. artistique E. Ménard & Cie, 8, rue Milton.

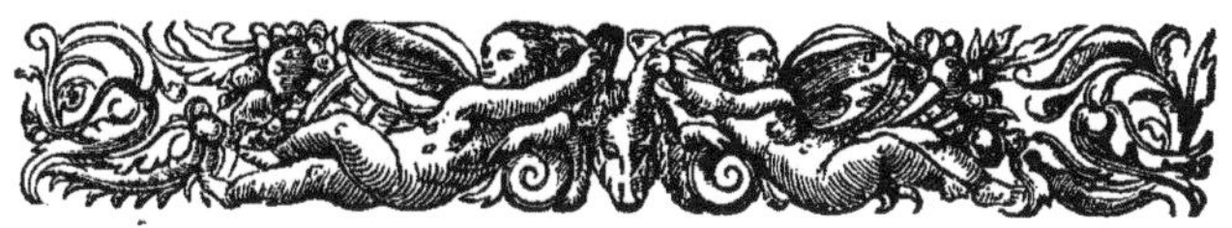

TABLEAUX

ALLODOLI (O)

1 — *L'Almée couchée au miroir.*

APPERT (D)

2 — *La fleuriste et le mousquetaire.*

3 — *Mousquetaire Louis XIII.*

BEN (G)

4 — *La Mare.*
Effet du soir.

BOGGS

5 — *Marines* (signé à gauche).
Deux pendants.

BONHEUR (F.)

6 — *Vue d'Orient.*

7 — *Vue de Venise.*

Deux pendants.

BULAND (Eug.)

8 — *On a souvent besoin d'un plus petit que soi.*

Sujet électoral.

CAGNIART

9 — *Vue d'usine.* (Effet d'hiver.)

Pastel.

CAGNIART (C)

10 — *Une rue de la Butte Montmartre.*

CAIN (G)

11 — *Avant la réception.*

Jeune femme en élégant costume de l'Empire debout dans son salon, meublé style Louis XVI, éventail à la main, la tête tournée de profil.

Joli tableau.

CAIN (G.)

12 — *La sentinelle et la ménagère.*
Souvenir du Directoire.

13 — *Bouquets de fleurs.*
Belle aquarelle en forme éventail.

14 — *Coquelicots et pensées.*
Deux pendants.

15 — *Coquelicots détachés.*
Etude.

16 — *Une soirée sous l'Empire.*
Très belle gravure.

CALDERON (C)

17 — *Vue du grand canal à Venise.*

18 — *Ruelle à Venise.*

19 — *Vue de Venise.*

20 — *Vue d'Orient.*

CARBONNEAU

21 — *Bords de la Marne.*

CASTIGLIONE (G)

22 — *Environs de Rome.*

DETAILLE (Ed.)

23 — *Cosaques.* (Dessin.)
Jolie étude signée.

DEULLY (Eug,)

24 — *Une bonne vieille.*
Représentée la figure presque de face.

25 — *A la fontaine.*

DRUET (A.)

26 — *Salambo au festin des mercenaires.*
Important tableau d'érudition et animé de nombreux personnages.

27 — *Les Baigneuses du Harem.*
Belle composition.

28 — *Les musiciennes Egyptiennes.*
Effet de nuit.

29 — *Le charmeur de serpent et la favorite.*

DRUET (A.)

30 — *La Cigale et la Fourmi.*
Pastel en forme d'éventail.

31 — *Paysannes russes plantant des pommes de de terre.*

32 — *Les laveuses de moutons.*
Scène de Russie.

33 — *Le Berger Russe.*

34 — *Ouvrier juif polonais.*

35 — *Au temple.*
Paysans russes en prières.

36 — *Gamins russes.*

37-38 — *Soldats gaulois.*
Deux tableaux se faisant pendant.

ECOLE ANCIENNE

39 — *Ruth et Booz.*

40 — *Déesses et amours.*

ECOLE FLAMANDE

41 — *Paysage montagneux, animé de personnages et de maisons.*

Cadre en bois sculpté.

42 — *Paysage montagneux, avec figures et animaux.*

Dessin.

ECOLE FRANÇAISE

43 — *Pierrot surpris en flagrant délit.*

44 — *Femme avec roses dans les cheveux.*

Beau pastel.

45 — *Jeux d'enfants.*

Dessin à la sanguine.

ECOLE ITALIENNE

46 — *La pluie d'or.*

47 — *Le triomphe d'Amphitrite.*

Deux gravures d'après le Corrège et Carle Maratti.

ECOLE MODERNE

48 — *Biche sous bois.*

49 — *Entrée de forêt.*

Deux aquarelles se faisant pendant.

50 — *Nature morte, fruits et fleurs.*

51-55 — Cinq sujets allégoriques.

GABRIELLI

56 — *La Bergerie.*

GALIANY (G.)

57 — *Environs de Fontarabie* (Espagne). Soleil couchant.

58 — *Les rochers de Biarritz.*

GALIEN-LALOUX (G)

59 — *Port de Nantes.*

GAMBERINI

60 — *Ma première critique.*

GAMBERINI

61-62 — *Cavaliers et amazones au bois.*
Deux tableaux se faisant pendant.

63 — *Le Macaroni.*
Joli tableau.

64 — *Le supplice de Pierrot.*

65 — *Pierre au cirque.*
Deux pendants.

66 — *Paysage : vue d'Auvers.*

67 — *Promenade dans le parc.*

68 — *La place de la Concorde.*

69 — *La liseuse.*

70 — *La curieuse.*
Cadre rustique.

71 — *Pêcheurs Napolitains.*

72 — *L'Eté.*
Joli dessin à la plume.

GERVEX (H.)

73 — *La Japonaise.*

Jeune femme représentée en pied, grandeur nature. Beau tableau.

74 — *L'Almée.*

Œuvre charmante.

GIRARDET

75 — *La petite gardeuse d'oies.*

Joli petit tableau.

HAMMAN

76 — *Les vaches à Quineville.*

IMSCHOOT (A.-J. van)

77 — *Femme à la cruche.*

JOSEPHA

78-80 — *Trois paysages.*

KAUFMANN (A.)

81-82 — *Vues du lac de Genève.*

Deux pendants,

LAINÉ (A.)

83-84 — *La Servante et la Jardinière.*
Deux jolies petites aquarelles.

LAMAIN (J.-M,)

85-86 — *Roses et fleurs des champs.*
Deux panneaux décoratifs, cadres bois noir.

LAURET

87 — *Les marchands de bœufs.*

88 — *Vue d'Afrique.*
Deux pendants.

LELONG (C.)

89 — *Vue de Hollande.*
Marine.

LEROY (J.)

90 — *Chats méditant un mauvais coup.*
Très joli petit tableau.

LE SIEUR (Xavier)

91 — *Turco l'arme au pied.*

LYNCH (A.)

92 — *Rêverie.*
Aquarelle.

(Mc.) ALPINES

93-94 — *Rochers en Angleterre.*
Marines. Deux pendants.

MORLAND (A.)

95 — *Paysage en Normandie.*

MUNKACZY

96 — *Le Rendez-vous.*

PARIGNON (D'après)

Par L. Guyot

97 — *Paysages et rues de villes.*
Trois petites gravures ovales et en couleur.

PASCAL (P.)

98 — *Ruines en Asie.*
Bel effet de soleil couchant. Dessin gouaché.

99 — *Arabes en marche.*

100 — *Arabes à la fontaine.*
Deux jolies gouaches se faisant pendant.

101 — *Danse arabe.*
Effet de soleil couchant, gouache.

102 — *Arabes fauconniers.*
Dessin gouaché.

103 — *Arabes chassant.*

104 — *Les almées dansant dans une barque.*

105 — *Marché arabe.*
Gouache.

106 — *Caravane au repos.*

107 — *Bergers arabes.*

108 — Sujets divers.
Cinq petites gouaches dans un même cadre.

109 — *Effets de soleil couchant en Asie.*
Trois petites gouaches dans un même cadre.

PAVY (Ph.)

110 — *Objets d'art japonais.*

111 — *Carmen.*

PETIT (Eug.)

112 — *Bourriche remplie de fleurs.*

POCHINTESTA

113 — *Les Bohémiens suspectés.*
Cadre en bois sculpté et doré.

PRUDHON (Ecole de)

114-115 — *Les lutineries de l'Amour.*
Deux peintures sur cuivre se faisant pendant.

RIBOT

116 — *Poissons, moules et chaudron.*
Nature morte.

ROBBE

117 — *La Bergerie.*
Très joli tableau.

ROGANO

118 — *Après la moisson.*

ROUSSEAU (Ecole de Th.)

119 — *Forêt.*

ROZIER (J.)

120 — *Paysage.*

SAAT (G)

121 — *Le renne.*

SANCTIF (C. de)

122 — *Causerie dans l'atelier.*

SOMER

123 — *L'éducation du lapin.*
Aquarelle.

STEINER (G.)

124 — *Effet du matin.*

VALLET (J.)

125 — *Sentier dans la forêt.*

VOGLER (F.)

126 — *Baraque à la foire de Montmartre.*

127 — *Place de la Concorde.*

VANDEBROOK (F)

128 — *Le cabaretier.*

WASHINGTON (G.)

129 — *Le passage d'une rivière.*

130 — Carton renfermant un grand nombre de gravures anciennes d'après J.-B. Greuze, Wouermann, J. Jouvenet, Boilly, Allou, Mallet, Augrand, J.-D. Wit, des écoles française, anglaise et flamande *(sera divisé)*.

Meubles. Objets d'Art

131 — Beau cabinet en laque ancienne, fond noir à rehauts d'or, représentant sur les deux portes et sur les côtés des personnages chinois dans des paysages fleuris et accidentés. A l'intérieur, sur les tiroirs : des branches de fleurs. Le cabinet pose sur une console en laque, à décor analogue. Il est orné d'appliques de serrure, de charnières et de poignées en cuivre gravé et doré. Epoque Louis XIV.

132 — Colonne en marbre rouge, garnie de bronze doré, plinthe tournante et base en marbre noir.

133 — Belle statuette en marbre : *La Cruche cassée* de Mathurin Moreau.

134 — Statuette en bronze : *Le Myosotis*, de Mathurin Moreau.

135 — Brûle-parfums hexagonal, en bronze ancien de Chine, couronné par une chimère. Socle en bois sculpté.

136 — Coupe en porcelaine du Japon, décor à personnages, truité et entrelacs à l'intérieur, avec légende et inscriptions à l'extérieur.

137 — Olifan indien, en os sculpté à figures, animaux symboliques et serpents.

138 — Statuette de femme couchée, en pierre de Castellina, sur socle en peluche.

139 — Buste ancien en marbre : *Caracala*, sur socle bronze doré et contre-socle en marbre rouge griotte.

140 — Glace tryptique, monture nickelée.

141 — Plaque en mosaïque : Fleurs et oiseaux.

142 — Terre cuite de Van der Straeten.

143 — Deux belles lampes en bronze de Barbedienne.

144 — Très jolie terre cuite : *Ève*, de E. Desca. Socle en peluche rouge.

145 — Assiette en émail de Limoges, décor représentant le Joyeux Festin, en grisaille sur fond noir.

146 — Plat en émail cloisonné de Chine, fond jaune à oiseau, branchage et fleurs en polychrome.

147 — Jardinière en cuivre rouge repoussé, dessin à écusson Louis XIII.

148 — Table en marqueterie de cuivre et d'écaille, genre de Boule, ornée de bronzes dorés.

149 — Plat en faïence hispano-mauresque, dessin à palmes et à reflets mélalliques.

150 — Plat en faïence italienne à sujet allégorique, avec cadre en bois noir et cuivre.

151 — Paire de vases en onyx, monture en bronze doré, pieds à cariatides de bacchantes.

152 — Coffre à dentelles en bois d'ébène avec plaques de mosaïque de Florence à fruits et oiseaux, garni de bronzes dorés, porté par quatre dragons ailés. Style Louis XIV.

153 — Deux bas-reliefs en bronze argenté : *Les Sources*, d'après Jean Goujon, dans un cadre en bois noir (Signés Barbedienne).

154 — Paire de vases en porcelaine de Tournai, décor gros bleu à rehauts d'or avec médaillons représentant *le Lever et la Toilette de la Marquise*, et des paysages. Monture en bronze. Style Louis XVI.

155 — Coffret en bois de violette, garni de cuivre clouté et repercé à jour.

156 — Deux candélabres à huit lumières, en bronze Louis XIII.

157 — Deux coupes en bronze ciselé et doré sur fûts de colonnes en marbre, orné de guirlandes de fruits en bronze.

158 — Coffret à dentelles en noyer, garni de plaques en ivoire sculpté, représentant en haut relief des saints. Louis XIII.

159 — Bureau en noyer gravé et rehaussé de dorures.

160 — Deux assiettes en porcelaine du Japon.

161 — Deux vases en porcelaine, décor à fleurs.

162 — Album à photographies, vues de Rome.

163 — Coupe forme baignoire, en marbre de Rome.

Etoffes et Dentelles

164 — Très beau châle de Chantilly.

165 à 200 — Nombreuses étoffes anciennes, velours brodés, soieries et satins brochés, tapisseries au petit point pour garniture de sièges, tapis, écrans, coussins, draperies, costumes.

201 — Objets omis.

www.ingramcontent.com/pod-product-compliance
Ingram Content Group UK Ltd.
Pitfield, Milton Keynes, MK11 3LW, UK
UKHW022149260726
13993UKWH00005B/2255